AF265745

Genev Dons

Original poems in **Cornish** language

By the same author

Cornish by Design

Published in the UK by
Trelawny's Reach 2019
trelawnysreach.com
publishing@trelawnysreach.com

INTRODUCTION

Kernewek, the Cornish language, makes Cornwall distinctly different. Although the number of new speakers has grown rapidly in recent years, there are only around five thousand people able to speak it.

Language is part of Cornwall's heritage and unique cultural identity and Cornish is a recognised minority language under the European Charter for Regional or Minority Languages. Along with Welsh and Breton, Cornish is descended directly from the Common Brittonic language spoken throughout much of Britain before the English language came to dominate.

Cornish was in common use in Cornwall until the late 18th century and was spoken widely 'in the home' well into the latter part of the 19th century. A revival began in the early 20th century, championed by Celtic language scholar, Henry Jenner. Cornish now has a growing number of second-language speakers. It is being taught in schools again and a small number of people in Cornwall have been raised as bilingual native speakers.

Author, Tanya Brittain, describes herself as a cultural ambassador and Cornish language student. Tanya has made an outstanding contribution to the promotion of Cornwall's traditional culture, heritage and language over the past decade.

Tanya has commissioned and produced many live performances, short films and vox pops featuring famous faces speaking or singing in Cornish. The Artistic Director of a large music festival for over five years, Tanya was responsible for several projects involving the creation of new music in both English and Cornish language, including the Big Cornish Sing – a live broadcast which took place in 2017 attracting a digital reach of almost two million viewers worldwide.

An award-winning writer, songwriter and touring musician, Tanya formed folk band, The Changing Room, with vocalist Sam Kelly in 2014. Her original music in Cornish language has been broadcast live on BBC Radio 4, BBC Radio 3 and BBC Radio 2. The Changing Room's debut album, *Behind the Lace,* is listed in *The Telegraph's* 'Best Folk albums of 2015'.

Tanya has been writing a monthly bilingual column for international culture and lifestyle magazine *Cornwall Today* for over two years and is the author of the bilingual book, *Cornish by Design*.

Ever wondered what the Cornish language sounds like? Search '**Gwrello Glaw by The Changing Room**' online and find out – over a million people already have.

CONTENTS

GENEV DONS

Prys yw gyllys pell
Ow hunros 'wren
Y tova dhymm ha'm kara
Ruvanes par dell ven
Mes tremen hir an termyn
Ny vern dhymmo-vy
Pana drajedi!

Avod mes a'm penn
Nyns a tra yn-rag
Naswedhow an klokk hogen yth yns stag
Kildenn dhe'th le teythi
Re gyffi jy hwyth
Yn ifarn leski bydh

Genev dons
Travyth ny hevel bones gwir
Genev dons
Hunros terrys yw ow hastell dir
Dehwelydh hwath yn-bann
Avel goedhanes tro an tan
Ha kudhys dha skilys kyn fons
Genev dons

Kolonn drogh
A wodhevydh hy fayn?
Pan ro tenkys y hwaff
’Yll’ta dyghtya an payn?
Gas vy dhe’th weles, mar pleg
A wrug an bywnans dha vos gwrekk?

Avod mes a’m gols
Ke-jy yn kerdh
Mir mes na dav
Hy holonn dinerth
Kildenn dhe’th le teythi
Dha hunros a vydh
Yn ifarn leskys bydh

Eus tenkys fella y’n bys oll
Es gwruthyl gortos ow folyers foll
Ow kroghen velynhes heb howl
Hebdho yw drog dowl
Avod mes a’m chi, an gwari yw bras
Poket dre hanow ha Poket dre nas
Kildenn dhe’th le teythi
Ow sians a vydh
Yn ifarn leski bydh

DOWN YN-DANN AN MOR

Ow horf yth yw kogh leska, war vor yma ow chi
Ow soedh yth yw pyskessa, ow spyrys y'ga thri
An goelyow leun a awel, an warak vras a nev
War dhowr yma ow holonn, goelanes pell a lev

An mor a wra dha vaga, ha'th bywnans ev a berth
Dha sevel, dha govia, po treghi gans y nerth
Dha vovya gans y alloes
Dha skoedhya pan vo res
Mes dibita 'hwra dha skonya
Ow gwarnyans yth yw gwrys

Pan vinhwertho, spavennhes
Dres eghenn uvel bydh
Dha lok a allo perthi
Ha'th gasa saw yn klor
Mar ny wrylli y enora
Fethesik ty a vydh
Y'th gorr-jy bys dha bowesva
Down yn-dann an mor

HENWYN ORTH FOS

'Th ens-i yo'nk, 'th ens-i fethus,
Ha kyns koedha, bywek ens
Y hwrens-i dever, tramor ha pell a-dre
Leun a woeth kevennyn, tru
Kyn dre vilyow 'th ens dhe'n lu
Y feuns kellys
Peub y honan yn y le

Agan gwer yth ens, ha'gan breder
Agan tasow, mebyon guv
Yth ens krev yn brys
Ha lymm yn-rag dhe vos
Mes yn korf sojetys ankow
Hag yn kolonn skwerdys ens
Yth ens hedorr, 'vel mylles war an ros

Y skrifen dhedha-i pup dydh
Lies tra ny gewsyn bydh
Mes y pysyn-ni *'bydh saw, bydh krev, sa'bann'*
I a redya skriptor sans
Kyns a ifarn mos war-nans
'Ga henwyn ni a red orth fos a-vann

POWL PENNGELLI TRUAN

Powl Penngelli truan, pyskessa o y hwel
Unn avloes bras a wruga, ky'n jevo kolonn lel
Y truflas gans morvoren yn Baya Seythyn splann
Yn y wel hy dons, ha puptra eth dhe vann

Y'n myttin na dhe'n bora
Dhe vor an kokow eth
Yth esa'n hern ow hesa a-dhyghow hag a-gledh
Ha'n dus orth aga hachya
An voren hi a dheuth
Yn y wel hy dons
Kyn hwodhya ev an keudh

Pan veu an rosow kreunys, an voren y'ga mysk
A wynni ha batalyas krev
Keffrys ha lies pysk
Penngelli a's divaglas, a's livras gans y lown
Yn y wel hy dons, ha hi ow sedhi down
Mes y'n kablas rag hy hachya
Ha gorra hus y'n dre
Ha gans hy soen, y hwrug hi doen
An tewes yn pub le

Powl Penngelli truan, a'n roes y's dyllas ev
Mes Seythyn kleudhsa hi heb keudh
Kov may hwrello ev
Otta gwirder an gweylgi, y lagha a vydh
Voys dynyek an voren, ha reyth an re rydh

ROEV SOS ROEV

"He'va, he'va", Brennyas
Kraf dha rosow, ke dhe'n mor
Aspi gluw war-tu ha'n garmer hag a-bell
Brennyas, gid dha dus
May fo roevys ewn a-brys
Gwith hi saw, syns hi kompes gans dha nell

Mis-Hedra 'teu dynsoges
Ha mis-Du herynnys gwynn
Tewedhow gwav 'an gwith ni war an tir
Kankres pals, brithylli splann
Der an gwenton ni a gan
Hag y'n withva gorryn hern y'n havas hir

Roev sos roev
Roev erbynn an fros, sos
Bo an Garmer hos, sos, roev
Roev sos roev
Y's kechyn ni yn syth sos
Roev bys pan vi skwith sos, roev

War an flour, kowellow gwag
An hes a way dhe'n est
Agan skathow 'denn an roes ha kylgh yw gwrys
An Garmer, ev a wra an desenn He'va da
Agan kok yw leun, 'gan krysyow glyb dre hwys

Mowysi mas a's gwra pur lan
Ha's bernya saw ha sygh
Talgellow leun a hoelan, skansow brav
Puptydh mires orth an mayn
Skwattys yns dhe ri an saym
Rag pesya der an gewer dhrog yn gwav

Yeghes da dhe dus Katholik
Re bo bywnans hir dhe'n Pab
Mayth ystynno ev Korawys dre hwegh mis
Rag y dus py le ny vern
Nyns eus travyth avel hern
Aga enev rag y selwel war an bys

YNTREDHA DOWR A RES

Gans an lanow y hwoelsyn hag entra y'n porth
Ha'n roesow o lenwys a hes
Unn dre orth an lewbordh hag onan a-borth
Hag yntredha, dowr a res
War an kay 'th esa hi gans hy hanstell y'n dorn
Ny welis vyth tekter somper
Hi war an lann west, ha my orth an est
Hag yntredhon, dowr a ver
Pan en dhe vor a'n le, hwath trigys ov yn de
Puptra a janjyas gans treylyans an fros
Toll-treth yw genev pes, arta yth en yn-mes
A'm serth vy rygdhi ny wrug lowr a dros
Rag yntredhon dowr a res

Gans growan y teuthons dhe sevel an pons
Defens na ragwelsens o krev
Unn dre gans an arghans, hy ben yn-dann Howl
Hag yntredha dowr a sev
Pan en dhe vor a'n le, hwath trigys ov yn de
Puptra a janjyas gans treylyans an fros
'Ma pell a-ughov vy, ow fries ny vydh hi
Pons ny dreyl tra, pan eus aswa re vros
Rag yntredhon dowr a res

Ha lemmyn 'ma troe'lergh a'n est bys y'n west
Ha mowes yw yowynk ha teg
Mes oesweyth a gas a dhiberth an dhiw dre
Hag yntredha dowr a freg

OW GOES YMA Y'TH GLOW

Ow holonn yw 'vel growan
A'm spyrys kevsys prow
Ow horf-vy koth ka krommys
Ow goes yma y'th glow

Gorr vy bys dhe'n teudhji
Pan ylliv vy dhe goll
Y'm skevens yma kober pals
Mes y'm poket travyth oll
Ow holonn yw 'vel growan
A'm spyrys kevsys prow
Ow horf-vy koth ka krommys
Ow goes yma y'th glow

Den-bal yth o ow thas-vy
Y das an keth, devri
'Ma aga goes y'th glow, Syrra
Namoy ny balons-i
'Tho tyb orthiv y'n gwavas
Dha dan ow leski gluw
Rag yn-dann dhor y hweythav
Ow thremynn pup-prys du

Ow holonn yw 'vel growan
A'm spyrys kevsys prow
Ow horf-vy koth ka krommys
Ow goes yma y'th glow

Ha tyb orthiv y'n gwenton
Dha worhel pan dheu tre
Y benn a-rag a gober
Gans sten y hwrussys pe
Porth kov jy, war dha diryow
Pan splann an Howl yn hav
Y'n tewlder my a ober
Gans arsenek warnav

Ow holonn yw 'vel growan
A'm spyrys kevsys prow
Ow horf-vy koth ka krommys
Ow goes yma y'th glow

Ha tyb orthiv y'n kynyav
An Howl pan nes dhe'n min
Re spenis bywnans yn-dann dhor
'Tho spar vy orth ow fin
Ha gorr vy bys dhe'n teudhji
Pan ylliv vy dhe goll
Y'm skevens yma kober pals
Mes y'm poket travyth oll

Ow holonn yw 'vel growan
A'm spyrys kevsys prow
Ow horf-vy koth ka krommys
Ow goes yma y'th glow

GWRELLO GLAW

Saw vy, a'n vorladron yn ow brys
Na wrellons i ow fetha
Na'm dallo tewlder 'n bys
Gwith vy, a'n tewolgow down y'n nos
Le may tin an levow enos

Kudh vy, ha'n dewolow oll a-dro
ha tenn vy tro ha'n sawder
koedh gansa ma na vo
Gid vy, bydh ow lugarn, bydh ow sos
Bydh y'n kommol an toll
Dredho howl ow tos

Gwrello glaw, 'wrello glaw
A wel an min y hyllis dos yn saw
Gwrello bras, 'wrello sorr
Dons a wrav, dones war neb kor

Kach vy, mar tallethis mos dhe'n senn
Pan dro dhe wav an kynyav
Ha ny dheu dhymm howl nahen
Syns vy, ha bydh na'm gas dhe vos
Gwith vy saw bys gwenton

Gwrello glaw, 'wrello glaw
A wel an min y hyllis dos yn saw
Gwrello bras, 'wrello sorr
Dons a wrav, dones war neb kor

HAL-AN-TOW

Losow hav yw pynnys
Orth mowysi teg
Rudh rosennow y'ga bogh
Garlontow hir a greg
Gwesyon y'ga hattow brav
Keffrys eskyjyow splann
Prys dhe be kendonow oll
May fo an reken glan

Ow ri dorn dhe oll an bys
Kothmens dha, envi
Fin an gwavas, gwren ni vri
An vlydhen goth yw gyllys glan
Dhe'n nowydh dynnargh ri
Y tonsyav kyns, ha gul ow hyns
A-dreus an plen dhywgh hwi

Trev ha pow yn hal-an-tow
Gans dons ha boes ha lev
Trev ha pow y'n hal-an-tow
Dhe'n gwenton ni a ev

Kler ha splann an korev
Rudh ha gwynn an ros
An sols y'th yalgh, a Syrra hweg
A bleksa dhymm, re'm fydh
An eth mis-Me, an gwav yw de
Goel Vighal ev a vydh

An glaswas rag gwelsowas
A led an donsyow sarf
Tus, benynes, yo'nk ha loes
An devos a yn skarf
An dons rag bywnans, dons rag howl
Ha dons rag aventur

Gonisyn has ha'n drevas a vydh sur
An vlydhen goth yw gyllys glan
Dhe'n nowydh dynnargh ri
Y tonsyav kyns, ha gul ow hyns
A-dreus an plen dhywgh hwi

Trev ha pow yn hal-an-tow
Gans dons ha boes ha lev
Trev ha pow y'n hal-an-tow
Dhe'n gwenton ni a ev

About the author

Tanya Brittain describes herself as a cultural ambassador, Cornish language student, writer and tea drinker. Tanya has Breton ancestry but was born and raised in South Yorkshire, England. She graduated from Art college in the 80s and her first job was in the mining industry as an illustrator of specialist equipment for technical publications. She progressed rapidly through the ranks into general management and marketing. Working in the publishing, food and music industries over a period of twenty years, she ended up in Cornwall working on a six-month project. Six months became six years, six years became twelve, etc.

Working actively with other Celtic nations and connecting with Cornish diaspora worldwide, Tanya has made an outstanding contribution to the promotion of Cornwall's traditional culture, heritage and language over the past decade.

An award-winning writer, songwriter and touring musician, Tanya formed folk band, **The Changing Room**, with vocalist Sam Kelly in 2014. Her original music in Cornish language has been broadcast live on BBC Radio 4, BBC Radio 3 and BBC Radio 2 and recordings by The Changing Room are afforded regular airplay worldwide. The Changing Room's debut album is listed in *The Telegraph's* 'Best Folk albums of 2015'. Tanya has commissioned and produced many live performances, short films and vox pops featuring famous faces speaking or singing in Cornish. The Artistic Director of a large music festival for over five years, Tanya was responsible for designing and delivering several projects involving the creation of new music in both English and Cornish language, including the Big Cornish Sing – a live broadcast which attracted a digital reach of almost two million viewers.

Tanya has written a monthly bilingual column for international culture and lifestyle magazine *Cornwall Today* for over two years, and has published a compilation of bilingual short stories under the title **Cornish by Design**.